本书系宁波市基础教育教研课题"游在家乡路上——大思小学生'寻根式'研学旅行的实践研究"研究成果

U0620228

活动手册

带上思维去游学

主　编　鲍淑琴

副主编　童乾荣　陈　洁　吴　怡

编委会名单（以姓氏笔画为序）

乌丽娜　厉双波　朱　姝　许梦琳

吴婷婷　赵亚儿　崔东杰

ZHEJIANG UNIVERSITY PRESS
浙江大学出版社
·杭州·

图书在版编目（CIP）数据

　　带上思维去游学活动手册 / 鲍淑琴主编. -- 杭州 ：
浙江大学出版社，2025. 5. -- ISBN 978-7-308-25790
-9

　　Ⅰ. G632.429

　　中国国家版本馆CIP数据核字第 2025ER0516 号

带上思维去游学活动手册

鲍淑琴　主编

策划编辑	温亚旭
责任编辑	胡宏娇
责任校对	王同裕
封面设计	林智广告
出版发行	浙江大学出版社
	（杭州市天目山路148号　邮政编码310007）
	（网址：http://www.zjupress.com）
排　　版	杭州林智广告有限公司
印　　刷	杭州宏雅印刷有限公司
开　　本	787mm×1092mm　1/16
印　　张	7.5
字　　数	78千
版 印 次	2025年5月第1版　2025年5月第1次印刷
书　　号	ISBN 978-7-308-25790-9
定　　价	39.00元

序

　　《带上思维去游学活动手册》是一本致力于引导学生通过实地游学，深入认识家乡，培养热爱家乡之情，思索家乡发展之路的学生活动指导用书。本书涵盖了浙江省宁波市鄞州区五乡镇十个游学点，如王应麟墓道、小浃江湿地示范园、铁佛寺、碧环桥等，通过驱动性任务引领学生运用科学方法开展研究性学习。本书注重跨学科学习，将语文、数学、科学、美术、劳动等多学科知识融入游学活动，让学生在实地考察中感受不同学科的魅力和学科间的联系，培养学生的综合素养和创新思维。为方便学生了解游学点，每个游学点均配备了内容丰富的打卡视频，为学生游学前的知识储备提供有力支持。

　　这本活动手册具有极高的实践指导价值，既适用于学校教育中的课外活动，也适合家庭在假期中使用，为学生提供了一种既有趣又有益的学习方式。通过此类游学活动，学生不但能够更好地了解并热爱自己的家乡，还能在实践中学会将知识运用到现实生活中，为未来的学习和生活奠定坚实基础。

　　在此，我们衷心感谢所有参与本书编写的老师，正是因为他们的辛勤付出，这本书才得以顺利完成。同时，我们也感激所有阅读这本书的读者，是你们的支持与鼓励，给予了我们继续前行的动力。由于编者水平有限，且时间仓促，书中难免存在疏漏之处，敬请读者谅解，并欢迎多提宝贵意见！

编者

2025 年 3 月

目录

五乡大儒
走近《三字经》 追寻王应麟

🔍 研究背景

　　南宋鄞县硕儒王应麟及《三字经》文化是宁波地域文化的代表，也是宁波城市文化软实力的重要支撑。《三字经》中蕴含的伦理、道德、启智、认知、修心、养性、立德、规行等优秀文化元素值得我们传承和发扬。《三字经》的作者王应麟是宁波人，他的墓道和家庙铁佛寺就在五乡镇中心小学所在地五乡镇。作为《三字经》的发源地，我们有责任追寻王应麟的足迹，深入研读《三字经》，充分吸收、大力弘扬其蕴含的文化精髓，使其在新时代绽放更璀璨的光芒。

资料卡

《三字经》及作者王应麟

　　《三字经》全文共一千多字，自南宋成书以来，已有七百多年历史，可谓家喻户晓，脍炙人口。《三字经》以三字一句的韵文形式编写，极易成诵，而且取材典范，内容包括中国传统的教育、历史、天文、地理、伦理、道德及一些民间传说，核心思想包括"仁、义、礼、智、信"，广泛生动而又言简意赅。《三字经》不仅在中国广为流传，而且早已扬名海外，被翻译为俄文、英文、法文等多种语言。

　　《三字经》的作者王应麟（1223—1296），是南宋著名学者、教育家、政治家，庆元府鄞县（今浙江省宁波市鄞州区）人。历事南宋理宗、度宗、恭帝三朝，位至礼部尚书。王应麟博学多才，对经史子集、天文地理都很有研究，是南宋末年著名的政治人物和经史学者。其为人正直敢言，辞官回乡后，专心著书二十年。王应麟晚年为教育本族子弟，编写了一本融汇中国文化精粹的"三字歌诀"——《三字经》，影响深远。王应麟死后葬于鄞州区五乡镇宝同村，当地至今仍存有王应麟墓道。

🐚 驱动性任务

　　2023年是一代鸿儒王应麟诞辰800周年，为纪念这位鄞州大地上诞生的先贤，我们该如何在《三字经》的发源地读好《三字经》，追寻王应麟的足迹呢？我们可以通过哪些方式，将《三字经》文化加以吸收并发扬光大呢？

头脑风暴，确定项目

我们可以通过哪些方式，将《三字经》文化加以吸收并发扬光大呢？一起开动脑筋，发散思维吧！

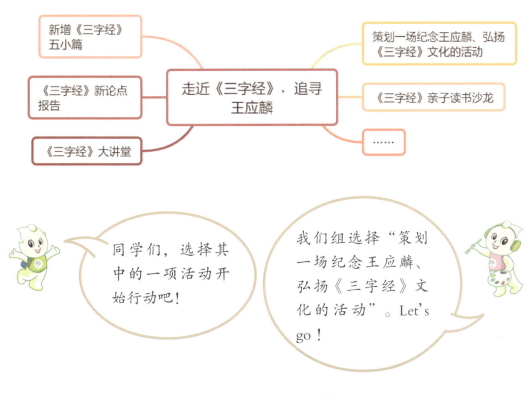

同学们，选择其中的一项活动开始行动吧！

我们组选择"策划一场纪念王应麟、弘扬《三字经》文化的活动"。Let's go！

阅读量表，明确方向

游学前，认真阅读项目评价表哦！

项目评价表 1　对研学实践的过程性评价

	评价维度	学生自评	组内互评	教师评价	☆的个数	☆的总数
研学前	制订详细计划，明确研学注意事项和团队分工	☆☆☆	☆☆☆	☆☆☆		
研学中	和组员在规定时间内考察游学点，考察内容全面、细致；组员沟通融洽、准确；主动参与讨论并表达自己的想法	☆☆☆	☆☆☆	☆☆☆		
研学后	对调查到的内容能进行整理、归纳，准确表达，且呈现的内容丰富多样；主动反思整个项目的质量和进度，主动改进项目	☆☆☆	☆☆☆	☆☆☆		

项目评价表 2　对项目成果的总体性评价

	评价维度	学生自评	组内互评	教师评价	☆的个数	☆的总数
《三字经》吟诵	吐字清晰，普通话标准；音色优美，语调富有变化；正确把握节奏，韵律明显	☆☆☆	☆☆☆	☆☆☆		
《三字经》手抄报	手抄报美观、新颖，内容丰富，符合主题	☆☆☆	☆☆☆	☆☆☆		
讲《三字经》故事	选材合理；发音标准，语句流畅；精神饱满，感情真挚，仪表大方	☆☆☆	☆☆☆	☆☆☆		
《三字经》纪念活动	活动主题明确，富有创意；安排合理，互动性强	☆☆☆	☆☆☆	☆☆☆		

项目评价表根据获得☆的个数设置优秀、良好、待提高三个等级。项目评价表分值范围为 0～63 颗☆，其中获得 52 颗及以上☆为优秀等级，42～51 颗☆为良好等级，41 颗及以下☆为待提高等级。

创建团队，责任分工

同学们自由组建 3～5 人的小组，确定组长，为小组选取一个富有特色的团队名称，并根据每个人的特长明确责任分工，制作团队海报，制定团队公约。

◎ 我们的团队海报

> 完整的团队海报包括：团队名称、团队 LOGO、团队口号和团队成员介绍等。

◎ 我们的角色和责任分工

角色和责任分工表

姓名	角色	责任

分工协作，实践探究

步骤1：搜集整合游学点信息

1.查找相关资料，搜集游学点信息

运用网络搜索、阅读书籍、调查等方式，了解王应麟墓道及王应麟家庙铁佛寺的建立时间、不同时期的功用及其现状，以及《三字经》的历史地位等信息。

◎ 我们搜集的信息

2.了解《三字经》的传播与影响力

小组成员利用网上资源，了解《三字经》的传播和价值，归纳《三字经》对个人、家乡、国家乃至世界的影响，将下面表格填写完整。

了解《三字经》的影响力

对个人的影响	对家乡的影响	对国家乃至世界的影响

步骤2：考察王应麟墓道

1.实地探访王应麟墓道

调研王应麟墓道内石刻保存现状，选择几尊石刻进行测量并把数据记录下来。

王应麟墓道内石刻情况记录表

石刻	数量	长	宽	高	目前保存情况
文官					
武将					
石马					
石虎					
石羊					
碑座					
石笋					

2.我为石刻保护出谋划策

王应麟墓道历史悠久，里面的石刻都是珍贵的文物，可惜有些遭到了不同程度的破坏。小组成员进行交流，思考为保护这些石刻，我们可以采取哪些行动，并将之记录在下表中。

我为石刻保护出谋划策

小组名称：＿＿＿＿＿＿＿＿
我们可以采取如下行动：

步骤3: 举办《三字经》相关活动

1.制作《三字经》手抄报

小组开展《三字经》手抄报制作活动。参考优秀手抄报范例，小组讨论一份完整的手抄报需要包含哪些要素，以及制作手抄报各要素时的注意点。

小组讨论分享，最后总结：一份完整的手抄报须包含标题、插图、文字等要素。

《三字经》手抄报制作

制作步骤	排版	标题	插图	文字编辑
人员分工				
组内讨论意见				
初稿				

小组名称：＿＿＿＿＿＿

2.排练《三字经》吟诵片段

（1）小组讨论确定吟诵内容。

（2）通过推荐（包括自荐）和考核的方式，选拔吟诵队员。

（3）对照视频资源学习吟诵方式和技巧，并编排吟诵时的动作和队形。

（4）邀请吟诵专家，对吟诵进行线上指导，根据专家的指导不断改进。

3.讲好《三字经》故事

大量阅读《三字经》相关故事，选出十个经典故事，三名学生为一个小组，采用"圆桌讨论法"开展活动，小组内每位参赛者选择其中一个故事，录制一个3～5分钟的讲《三字经》故事视频，在班内决出胜负，评选出"故事大王"。

"故事大王"评选表

评选标准	具体内容	评价
内容选择	选择符合《三字经》文本内容的故事，具有鼓舞性、激励性、感召力	☆☆☆
语音语调	普通话标准，吐字清晰；语言生动，舒心悦耳，语调节奏富于变化	☆☆☆
情感流露	能准确、恰当地表情达意；感情真挚、自然	☆☆☆
仪表仪态	服饰大方、自然、得体；举止从容、端正；精神饱满，态度亲切	☆☆☆

步骤4：制订纪念活动方案

1.制作并发布调查问卷

"《三字经》纪念活动安排"调查问卷

1.你听说过王应麟和《三字经》吗？

A.有　　　　B.没有

2.你最想看什么类型的节目？

A.舞蹈　　　B.吟诵　　　C.歌曲　　　D.课本剧

3.你希望一个节目时长多久？

A.3分钟　　B.5分钟　　C.10分钟

4.你想在纪念活动中了解关于《三字经》的哪些内容？

5.你最想参与什么活动？打算怎么做？

6.关于纪念活动，你还有什么建议？

2.制订活动方案初稿

活动方案包含：活动目的、活动口号、活动时间、人员分工、活动安排、评价方案等。制订初稿，并完成下表。

活动方案反思表

Think	Wonder
此次活动大概要安排几项内容？	活动方案的各部分有哪些具体要求和注意点？

3.活动方案分工与落实

确定节目（《三字经》片段吟诵、讲《三字经》故事），制作节目单并彩排，在彩排中总结此次活动中的优点，并提出整改建议，写在下表中。

活动总结表

此次活动中的优点	此次活动中需改进点

4.制作宣传海报、邀请函

（1）以小组为单位对活动方案进行思考与讨论，并完成"宣传海报构思表"。汇总修改建议并对宣传海报初稿进行修改，形成定稿，将小组设计的海报张贴在学校的宣传栏里。

宣传海报构思表

宣传海报需包含哪些内容？
设计宣传海报时需要注意些什么？
宣传海报有什么特点？

（2）邀请《三字经》非遗传承人、研究专家，以及家长等嘉宾参与活动，制作邀请函。

邀请函

尊敬的 _____ 先生／女士：

  兹定于 ____ 年 __ 月 __ 日下午一点，在五乡镇王应麟墓道纪念园举行"走近《三字经》 追寻王应麟"纪念活动。我们真诚地邀请您赴会。

邀请人：

年 月 日

步骤5：举办纪念活动

1.活动准备

小组准备好最终成果资料：宣传海报、邀请函、节目单。确定场地人员分工，提前准备好场地布置需要的桌椅、背景、姓名牌等。搭建舞台、手抄报获奖作品展示区。

2.分工合作

小组成员分工合作，如A负责综合协调，B充当观众的向导，C主持节目，D负责播放音乐，E负责现场拍照、摄影，F

作为司仪进行颁奖等。

3.活动流程

（1）学习古代孩子与长辈见面行的揖礼。

（2）吟诵《三字经》片段，获得"故事大王"称号的同学现场讲述《三字经》故事。

（3）家长交流分享。

（4）《三字经》手抄报制作比赛颁奖仪式。

4.项目总结反思

对照量表，总结反思

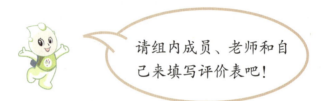

请组内成员、老师和自己来填写评价表吧！

本次游学活动，我获得了＿＿＿＿＿颗☆，为＿＿＿＿＿＿等级（填"优秀""良好"或"待提高"）。

让我们来填写本次游学活动的总结反思表吧！

游学活动总结反思表

我学到的三件事	我觉得有趣的两件事	我仍然存疑的一个问题

在此次"策划一场纪念王应麟、弘扬《三字经》文化的活动"后，我们一起来总结一下游学活动的流程吧！

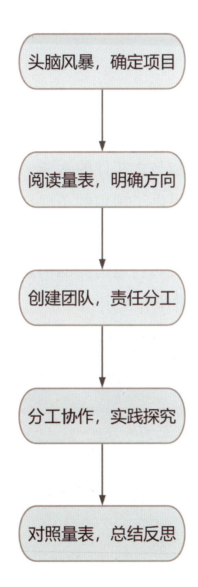

我们总结的游学活动的流程

头脑风暴，确定项目

↓

阅读量表，明确方向

↓

创建团队，责任分工

↓

分工协作，实践探究

↓

对照量表，总结反思

参照这个流程，你还可以进行其他项目的游学活动哦。期待你的参与！

五乡生态
保护小浃江湿地示范园

🔍 研究背景

　　小浃江湿地示范园作为五乡镇的一块自然生态瑰宝，拥有丰富多样的植物群落和与之相伴的水源、食物源，为各种鸟类的栖息、繁衍和活动提供了理想的条件。然而，近年来由于城市化进程和人类活动的影响，湿地环境受到了不同程度的破坏。湿地的生态失衡不仅会对当地鸟类的栖息造成影响，还会直接影响当地生态系统的健康和稳定。

资料卡

小浃江湿地示范园

小浃江源于鄞州莫枝东钱湖与天童太白山麓，流经五乡碶（qì），到达渡头董进入北仑界，最终流经浃水大闸后出口入海。宋朝前的小浃江上无碶闸，海上咸潮可直达五乡，后来江上架起一座座碶桥，使两岸百姓得享水利之惠。此江曾是古鄮（mào）县重要的海运航道。小浃江集水面积达53.2平方千米，主流长28.4千米，宽约30米至50米。小浃江不仅是一条水利航运河，更是一条承载着历史文化的河流。2016年，小浃江湿地示范园正式向广大群众开放。园中碧波荡漾、垂柳依依、白鹭翻飞，种植着芦苇、蒲草、荷花等水生植物，呈现出一派原生态的江南湿地景观，散发着浓浓的水乡风情。

小浃江湿地示范园整治工程包括岸坡整治及生态景观设计，除了种植水杉、海棠、樱花等近20种乔木，周边还有美人蕉、麦冬、月见草等点缀。原先的两个河塘，经过水利工程建设，河道护岸、生态湿地修复等一系列整治，面貌已焕然一新。又利用土方填筑形成小岛与堤岸，布置植物护坡与生态景观。经过多年的努力，小浃江水环境质量大幅改善，景更美了，周边群众的心情也更舒畅了。

驱动性任务

小浃江湿地示范园是我们身边的湿地示范园，我们可以通过哪些措施和手段加强湿地的保护与管理，促进湿地可持续发展呢？

头脑风暴，确定项目

我们可以为保护小浃江湿地示范园做哪些力所能及的事呢？一起开动脑筋，发散思维吧！

为小浃江湿地示范园鸟类筑巢

检测小浃江湿地示范园的土壤

检测小浃江湿地示范园的水质

保护小浃江湿地示范园

调查小浃江湿地示范园动植物的种类、数量

调查小浃江湿地示范园的垃圾现状

为小浃江湿地示范园制作宣传海报

……

同学们，选择其中的一项活动开始行动吧！

我们组选择"为小浃江湿地示范园鸟类筑巢"游学活动。Let's go！

阅读量表，明确方向

游学前，认真阅读项目评价表哦！

项目评价表1 对研学实践的过程性评价

评价维度		学生自评	组内互评	教师评价	☆的个数	☆的总数
研学前	制订详细计划，明确研学注意事项和团队分工	☆☆☆	☆☆☆	☆☆☆		
研学中	和组员在规定时间内考察游学点，考察内容全面、细致；组员沟通融洽、准确；主动参与讨论并表达自己的想法	☆☆☆	☆☆☆	☆☆☆		
研学后	对调查到的内容能进行整理、归纳，准确表达，且呈现的内容丰富多样；主动反思整个项目的质量和进度，主动改进项目	☆☆☆	☆☆☆	☆☆☆		

项目评价表2 对项目成果的总体性评价

评价维度		学生自评	组内互评	教师评价	☆的个数	☆的总数
鸟窝档案	通过多渠道搜集鸟窝相关的资料，为鸟窝建档，鸟窝档案详细、清晰、美观	☆☆☆	☆☆☆	☆☆☆		
鸟窝设计与产品	设计的鸟窝的各部分结构完整，指向明确；产品和设计完美对应，所使用材料绿色环保，制作精美，现场展示，设计理念清晰明确	☆☆☆	☆☆☆	☆☆☆		
鸟窝使用	鸟窝放置位置合适；有小鸟来休憩；鸟窝牢固，不易掉落	☆☆☆	☆☆☆	☆☆☆		

项目评价表根据获得☆的个数设置优秀、良好、待提高三个等级。项目评价表分值范围为 0～54 颗☆，其中获得 44 颗及以上☆为优秀等级，35～43 颗☆为良好等级，34 颗及以下☆为待提高等级。

创建团队，责任分工

同学们自由组建 3～5 人的小组，确定组长，为小组选取一个富有特色的团队名称，并根据每个人的特长明确责任分工，制作团队海报，制定团队公约。

◎ 我们的团队海报

完整的团队海报包括：团队名称、团队 LOGO、团队口号和团队成员介绍等。

◎ 我们的角色和责任分工

角色和责任分工表

姓名	角色	责任

分工协作，实践探究

步骤 1：搜集游学点信息

运用网络搜索、阅读书籍、调查等方式，了解小浃江湿地示范园现有的植物群落、水源、食物源，以及可为鸟类栖息、繁衍、活动提供的条件等信息。

◎ 我们搜集的信息

步骤2：考察湿地示范园

实地观察小浃江湿地示范园内的植物，认识石蒜、八角金盘、池杉、香蒲、垂柳、柏树、樟树、海棠……并把它们记下来或者画下来。如果遇到不认识的植物，可以使用识图鉴别软件。

◎ 我们观察到的植物

步骤3：制作鸟窝档案

运用网络搜索、阅读书籍、调查等方式，查找相关资料，了解鸟窝的形状、材料、作用，制作鸟窝档案。

通过拍照、画图等方式记录观察到的鸟窝，考察鸟窝位置，将具体信息记录在下表中。

鸟窝档案

小鸟	鸟窝（拍照或画图）	鸟窝位置
名称： 特征：		
名称： 特征：		

小组交流思考，讨论在哪里为小鸟建造鸟窝最合适。

步骤4：给小鸟安个家

设计、制作一个鸟窝，将鸟窝放在合适的位置，为飞来小浃江湿地示范园的小鸟安一个家。

1.绘制鸟窝设计图、制作鸟窝

小鸟"新家"设计图

	小组名称：_____
小鸟"新家"名称	
建造"新家"需要的材料	
"新家"的设计图	
家人、同学对设计图的评价及建议	
根据大家的建议修改的设计图	

2.鸟窝展示会

以小组为单位，向家人、朋友介绍小组成员共同设计、制作的鸟窝，讲述自己小组的创意理念，根据大家提出的建议改进鸟窝模型。

贴上展示会的照片，或者鸟窝模型照片吧！

3.放置鸟窝

将鸟窝放置到小浹江湿地示范园，每隔几天观察一次鸟窝的使用情况。就鸟窝是否掉落，是否有鸟类来休憩等情况进行记录。

鸟窝使用情况记录单

小组名称：_____		
鸟窝放置地（照片）：		
观察时间	鸟窝情况	

4.推广鸟窝

把此次活动中制作的新型鸟窝模型推荐给相关部门，说不定会被采纳哦！一起行动吧！

对照量表，总结反思

 请组内成员、老师和自己来填写评价表吧！

本次游学活动，我获得了＿＿＿＿＿＿颗☆，为＿＿＿＿＿＿＿等级（填"优秀""良好"或"待提高"）。

让我们来填写一下本次游学活动的总结反思表吧！

游学活动总结反思表

I like 我们小组表现得出色的地方有哪些？有哪些成功的经验与大家分享？	I wish 活动中表现不足的地方有哪些？如果可以再来一次我会怎么做？
I wonder 在活动过程中，我还有哪些疑惑？我还希望得到哪些帮助？	I will 在项目学习中，我收获了什么？未来我还会怎么做？

五乡非遗

铁佛寺和内家拳的传承发扬

🔍 研究背景

近年来，在内家拳传人夏宝峰的挖掘整理和弘扬传播下，内家拳得以重振，并得到国内外众多武学行家的鼎力支持。现今，内家拳不仅成为全国性的武术比赛项目，其传承活动也进一步组织化、规范化。夏宝峰每年多次带领学员来五乡镇的铁佛寺寻祖练武，铁佛寺亦成为中国内家拳教学、研究和传播的重要基地，铁佛寺的习武传统得以弘扬。

五乡镇中心小学以体育课程为核心，借助游学的形式，将跨学科知识巧妙融入其中，并运用项目化学习方式，大力传承与发扬内家拳，以激发学生对传统文化的热爱之情，增强民族自豪感！

资料卡

铁佛寺与内家拳

　　铁佛寺位于宁波市鄞州区五乡镇同岙村，建于五指山冲咀头下，坐东朝西，距今已有七百多年历史。据传，铁佛寺原为宋代名儒王应麟的家庙，因此它拥有了在文化上可以彰显的历史印记。铁佛寺被评为鄞州区非物质文化遗产传承基地、宁波市非物质文化遗产传承基地、浙江省非物质文化遗产基地和中国内家拳传承地。

　　同时，铁佛寺也是当年武当派拳师王征南将松溪派内家拳传予黄宗羲之子黄百家之地。近年来，在内家拳传人夏宝峰的挖掘整理和弘扬传播下，内家拳得以重现与振兴。自2003年起，夏宝峰向铁佛寺寺僧传授内家拳，恢复了该寺僧人以武健身的传统。2009年，内家拳被列入第三批浙江省非物质文化遗产名录。

🔍 驱动性任务

　　我们五乡镇的铁佛寺是内家拳宁波市非物质文化遗产传承基地。作为一名五乡镇的小学生，在内家拳非物质文化遗产传承与发扬方面，我们可以做些什么呢？

头脑风暴，确定项目

　　我们可以为内家拳的传承与发扬做哪些力所能及的事呢？一起开动脑筋，发散思维吧！

成立内家拳社团

创作内家拳相关手抄报

阅读内家拳有关图书

创编内家拳校本教材

内家拳的传承与发扬

到访铁佛寺，感受内家拳练习氛围

在开学典礼上展示内家拳

……

同学们，选择其中的一项活动开始行动吧！

我们组选择"在开学典礼上展示内家拳"游学活动。Let's go！

阅读量表，明确方向

游学前，认真阅读项目评价表哦！

项目评价表1　对研学实践的过程性评价

	评价维度	学生自评	组内互评	教师评价	☆的个数	☆的总数
研学前	制订详细计划，明确研学注意事项和团队分工	☆☆☆	☆☆☆	☆☆☆		
研学中	和组员在规定时间内考察游学点，考察内容全面、细致；组员沟通融洽、准确；主动参与讨论并表达自己的想法	☆☆☆	☆☆☆	☆☆☆		
研学后	对调查到的内容能进行整理、归纳，准确表达，且呈现的内容丰富多样；主动反思整个项目的质量和进度，主动改进项目	☆☆☆	☆☆☆	☆☆☆		

项目评价表2　对项目成果的总体性评价

	评价维度	学生自评	组内互评	教师评价	☆的个数	☆的总数
采访任务	充分准备、提出合理有效的问题，积极倾听并记录采访内容，学会反思	☆☆☆	☆☆☆	☆☆☆		
节目展示	动作流畅、协调、整齐，与音乐适配，展现内家拳法的刚柔并济	☆☆☆	☆☆☆	☆☆☆		
展板制作	内容全面完整，画面彰显内家拳文化，将传统活动与现代体育元素相结合，布局搭配合理	☆☆☆	☆☆☆	☆☆☆		

项目评价表根据获得☆的个数设置优秀、良好、待提高三个等级。项目评价表分值范围为0～54颗☆，其中获得44颗及以上☆为优秀等级，35～43颗☆为良好等级，34颗及以上☆为待提高等级。

创建团队，责任分工

同学们自由组建3～5人的小组，确定组长，为小组选取一个富有特色的团队名称，并根据每个人的特长明确责任分工，制作团队海报，制定团队公约。

◎ 我们的团队海报

完整的团队海报包括：团队名称、团队LOGO、团队口号和团队成员介绍等。

◎ 我们的角色和责任分工

角色和责任分工表

姓名	角色	责任

分工协作，实践探究

步骤1：搜集游学点信息

运用网络搜索、阅读书籍、调查等方式，查找此次研学活动相关资料，包括铁佛寺的历史、内家拳的发展史、内家拳的现状、内家拳的拳法特点、练习内家拳的意义等。

◎ 我们搜集的信息

步骤2：考察铁佛寺

铁佛寺中有哪些特别的建筑呢？让我们通过实地探访，把铁佛寺内各种建筑的名称及其特征用文字记录下来吧！

铁佛寺考察记录表

建筑名称	建筑特征

　　把探访过程中印象最深的部分以拍照或者绘画的方式记录下来，贴在下方的空白处。

步骤3：了解内家拳的前世今生

行动一：采访准备

1.了解内家拳的传承与创新

内家拳发展至今已传至第十三代。从古至今，哪些掌门人在内家拳的传承中做出了卓越贡献？找一找相关资料并把它们记录下来，为采访做好前期资料准备。

内家拳重要掌门人资料

掌门人	创新事件

2.模拟采访

正式采访前，让学生就他们关心的话题进行模拟采访，然后就采访中的开放式问题、肢体语言和积极倾听技巧的使用等相互提出建议，不断完善。

3.学写邀请函

邀请函

尊敬的＿＿＿先生/女士：

　　我们将于＿＿＿年＿月＿日上午九点，在五乡镇中心小学操场举行"内家拳进校园"启动仪式。我们真诚邀请您赴会，感谢您的莅临。

邀请人：

年 月 日

行动二：现场采访内家拳掌门人

采访掌门人

（1）使用"金鱼缸"的形式（让一个小组的学生进行采访，另外一组的学生在旁观察并做好记录，然后进行轮换）组织采访。

（2）采访结束后，学生进行资料汇总和有效信息筛选。

行动三：反复练习动作要领

练习内家拳

（1）参照掌门人录制的内家拳动作视频及慢动作详细解

析，学生反复模仿练习内家拳。

（2）全班学习内家拳，将全班分成若干内家拳学习小组，组内成员互相纠正动作，体育老师适时指导。

（3）在全校范围内选拔优秀领操员，带领全校同学一起练习内家拳。

步骤4：在开学典礼上展示内家拳

展示内家拳

（1）选拔优秀领操员，在开学典礼上展示一套内家拳动作。

（2）选拔内家拳宣讲员，向低年级小朋友介绍有关内家拳的基本知识。

（3）邀请内家拳社团成员，对照展板内容，现场教导新生，体验内家拳的基本招式。

（4）活动现场分发"成果展示观众反馈表"，让现场观众填写并及时回收，以帮助学生优化自己的成果。

成果展示观众反馈表

项目名称：

感谢您参与我们的项目成果展示，麻烦您花时间回答以下问题，这对我们项目的优化具有非常大的帮助。

1.您从这次成果展示中学到了什么，或者它让您想到了什么？

2.您觉得这次成果展示怎么样？

3.您对这次成果展示还有什么问题吗？

4.您对这次成果展示有什么意见或建议吗？

对照量表，总结反思

请组内成员、老师和自己来填写评价表吧！

本次游学活动，我获得了_____颗☆，为_____等级（填"优秀""良好"或"待提高"）。

让我们来填写本次游学活动的总结反思表吧！你在这个项目中做了些什么，以及这个项目进展得如何，请在下表中写下你的想法。

游学活动总结反思表

团队名称：	
项目名称：	
驱动性问题：	
列出项目的主要步骤：	
关于你自己	
你在这个项目中学到的最重要的东西是什么？	
项目中的哪一部分是你当时想花更多时间去做的，或者想做得不一样的？	
项目的哪一部分你做得最好？	
关于项目	
这个项目中最令人愉快的部分是什么？	
你觉得可以如何改善这个项目，以便下次做得更好？	

五乡古迹

探访甬上十佳名桥碧环桥

🔍 研究背景

　　在宁波的五乡镇，桥是散落在大地上的文化明珠。斗门桥、碧环桥、皎碶桥……每一座桥都是一方风景，都展示着丰富而生动的生活内容，是家乡历史文化的重要载体，也是家乡一道亮丽的风景线。这一次让我们重点认识一下碧环桥，一起探寻它背后的故事吧！

资料卡

碧环桥

碧环桥位于鄞州区五乡镇仁久村，2005 年被鄞州区政府评为第七批区级文物保护单位。2023 年被评为浙江省第八批省级文物保护单位。碧环桥建于明代嘉靖年间，为单孔拱形石桥，全长 11 米，宽 2.4 米，桥堍（tù）宽 4 米。桥面两侧均有浮雕荷叶栏板，每边各有五块。栏板间设置望柱，每边各六根，柱头雕刻莲花，有覆莲、仰莲等多种形态，桥堍设彩云纹抱鼓石。桥洞跨高 2.2 米，可容一条中型船通过，桥基桥墙都用长条石交错叠砌，有块石护底。拱桥由四节高 1 米、宽 0.6 米的拱形大石砌成，砌成的圆拱超过半圆，成为"陡拱型"拱圈。专家认为这种"纵联分节并列砌置法"具有良好的抗外力性能。拱圈顶部有一块扇形桥额，上面雕饰方额横书"碧环"二字，上款"嘉靖癸巳"，下款"仲冬鼎建"。这座将近五百年的石拱桥，由于它特有的构造和半封闭性的家族私用环境，故直至今日仍保存完好。

该桥规模不大，但砌筑规整，雕刻精细，并有确实纪年，是鄞州区极有价值的古桥梁之一，也是"宁波十佳名桥"之一。

🐾 驱动性任务

经过岁月的洗礼，碧环桥遭到了一定程度的损坏。为了保护碧环桥，为守护家乡的桥贡献一份自己的力量，我们可以采取哪些行动？

头脑风暴，确定项目

为保护碧环桥，我们可以做哪些力所能及的事呢？一起开动脑筋，发散思维吧！

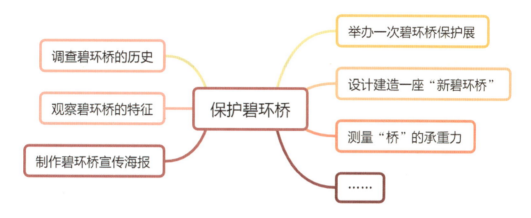

同学们，选择其中的一项活动开始行动吧！

我们组选择"举办一次碧环桥保护展"游学活动。Let's go！

阅读量表，明确方向

游学前，认真阅读项目评价表哦！

项目评价表1　对研学实践的过程评价

	评价维度	学生自评	组内互评	教师评价	☆的个数	☆的总数
研学前	制订详细计划，明确研学注意事项和团队分工	☆ ☆ ☆	☆ ☆ ☆	☆ ☆ ☆		
研学中	和组员在规定时间内考察游学点，考察内容全面、细致；组员沟通融洽、准确；主动参与讨论并表达自己的想法	☆ ☆ ☆	☆ ☆ ☆	☆ ☆ ☆		
研学后	对调查到的内容能进行整理、归纳，准确表达，且呈现的内容丰富多样；主动反思整个项目的质量和进度，主动改进项目	☆ ☆ ☆	☆ ☆ ☆	☆ ☆ ☆		

项目评价表2　对项目成果的总体性评价

	评价维度	学生自评	组内互评	教师评价	☆的个数	☆的总数
宣传海报	搜集符合碧环桥主题的素材，制作的海报美观、新颖，内容丰富	☆ ☆ ☆	☆ ☆ ☆	☆ ☆ ☆		
模型制作	图纸清晰，设计感强；模型外观良好，做工精致	☆ ☆ ☆	☆ ☆ ☆	☆ ☆ ☆		
介绍视频	介绍内容全面、完整，思路清晰，语言标准、流畅	☆ ☆ ☆	☆ ☆ ☆	☆ ☆ ☆		
保护展	人员分工明确，高质量完成团队布置的任务	☆ ☆ ☆	☆ ☆ ☆	☆ ☆ ☆		

项目评价表根据获得☆的个数设置优秀、良好、待提高三个等级。项目评价表分值范围为0~63颗☆，其中获得52颗及以上☆为优秀等级，42~51颗☆为良好等级，41颗及以下☆为待提高等级。

创建团队，责任分工

同学们自由组建3～5人的小组，确定组长，为小组选取一个富有特色的团队名称，并根据每个人的特长明确责任分工，制作团队海报，制定团队公约。

◎ 我们的团队海报

> 完整的团队海报包括：团队名称、团队LOGO、团队口号和团队成员介绍等。

◎ 我们的角色和责任分工

角色和责任分工表

姓名	角色	责任

分工协作，实践探究

步骤 1：搜集游学点信息

运用网络搜索、阅读书籍、调查等方式，查找此次研学活动相关资料，了解碧环桥的历史渊源、建造材料、结构特点等。

◎ 我们搜集的信息

步骤 2：实地考察碧环桥

在实地考察的过程中要观察、记录什么？注意事项有哪些？

实地考察碧环桥，观察、测量、记录碧环桥的长度、形状、材料、位置等信息，了解碧环桥的建筑特点和结构特点，将所获取的信息填入下面的方框中。

◎ 我们获取的信息

步骤3：设计制作桥梁模型

根据搜集到的资料，小组绘制碧环桥模型的图纸。在图纸上标出尺寸、栏板花纹的图案等信息。根据图纸，选择合适的材料（比如纸、木棒、橡皮泥等），一起搭建一座"碧环桥"。

搭建一座"碧环桥"

小组名称：_____
选择的材料：
设计的图纸：
完成模型的照片：

小组展示和介绍桥梁模型；班级进行交流，提出修改建议；小组改进桥梁模型。

步骤4：设置保护展

1.制作邀请函

根据"碧环桥保护展"举办的时间和地点、拟邀请的观众名单，制作活动邀请函。

邀请函

尊敬的_____先生/女士：

　　兹定于_____年__月__日上午九点，在五乡镇中心小学举行"碧环桥保护展"。我们诚挚地邀请您参加，并期待您的到来！

邀请人：

年 月 日

2.制作宣传视频，撰写讲解词

小组合作制作宣传视频，明确视频制作各环节的人员分工，确定录制设备型号等。

根据整理的资料以及研学过程中的照片、视频等资料，撰写"碧环桥"讲解词，设计制作"碧环桥"讲解视频。

"碧环桥"讲解词

3.制作宣传海报

小组制作宣传海报，明确宣传海报所包含的内容，包括主题、标题、内容、图片、文字等。

将完成的宣传海报的照片贴在下方哦！

4.汇集最终成果，完成"成果展示计划表"

（1）每个小组准备好最终成果展示的资料：宣传海报、视频资料、桥梁模型等。

（2）确定场地及人员分工、准备好场地布置需要的桌椅等，完成"成果展示计划表"。

成果展示计划表

我展示的成果是关于什么的？	
我的观众是哪些人？	
我想要我的观众了解、感受或做什么？	
我将如何开始我的成果展示？	
我成果展示的重点部分是什么？	
我将如何展示或做什么，使得别人对我的成果展示感兴趣？	
我将如何结束我的成果展示？	

5.学生练习解说

教师引导学生使用"成果展示计划表"练习解说自己的成果，要求学生对自己的成果展示做一个初步的计划。给学生时间，让他们有机会练习。

6.承办保护展

小组成员分工合作，如A负责综合协调，B充当观众的向导，C负责表格发放与收集，D负责展品陈列等。

对照量表，总结反思

请组内成员、老师和自己来填写评价表吧！

本次游学活动，我获得了＿＿＿＿＿＿颗☆，为＿＿＿＿＿＿等级（填"优秀""良好"或"待提高"）。

让我们来填写本次游学活动的总结反思表吧！想想你在这次游学活动中做了些什么，以及活动进展得如何，完成下表。

游学总结反思表

姓名：
项目名称：
驱动性问题：
你在这个项目中学到的最重要的东西是什么？
项目中的哪一部分是你当时想花更多时间去做的，或者想做得不一样的？
这个项目中最令人愉快的部分是什么？
这个项目中有待改进的部分是什么？

五乡真迹

探究阿育王寺碑刻文化

🌀 研究背景

　　位于鄞州区五乡镇的阿育王寺是中华人民共和国国务院确认的"汉族地区佛教全国重点寺院"。阿育王寺珍藏有中国唯一的释迦牟尼佛祖真身舍利——头顶骨舍利，这一稀有的佛教至宝，仅在印度和中国被发现。保护和建设阿育王寺文化品牌，对集中展示中国佛教文化和佛教艺术有着深远的意义。我们可以通过哪些方式来保护和宣传阿育王寺文化品牌呢？

阿育王寺

阿育王寺，位于宁波市鄞州区五乡镇宝幢太白山麓华顶峰下。阿育王寺始建于西晋晋武帝太康三年（282年）；梁普通三年（522年），梁武帝命扩建殿堂房屋，并赐额"阿育王寺"。北宋大中祥符元年（1008年），阿育王寺被朝廷定名为"阿育王山广利禅寺"，拓为十方禅刹。明洪武十五年（1382年），朱元璋赐名"阿育王禅寺"，列为"天下禅宗五山"之一。清康熙元年（1662年），毁于大火。清康熙十九年（1680年），僧人法钟重修。清光绪年间，阿育王寺修建普同塔院、养心堂、云水堂、灵菊轩、方丈室、天王殿等房屋90余间，并疏通阿耨达池，筑围墙，栽松柏竹梅。清宣统三年（1911年），又重修大殿，阿育王寺的建筑得到完善。

阿育王寺现占地面积8万平方米，建筑面积14000平方米。主体建筑山门、阿耨达池、天王殿、大雄宝殿、舍利殿、藏经楼分布在一条南北中轴线上，由南而北次第升高，共分四进院落，附属建筑左右对称配立。1984年，中华人民共和国国务院公布阿育王寺为"汉族地区佛教全国重点寺院"。2006年，阿育王寺入选第六批全国重点文物保护单位。寺内保藏有历代众多名家碑刻，如《阿育王寺常住田碑》《宸奎阁碑》《妙喜泉铭》等。

🐌 驱动性任务

阿育王寺是五乡镇重要的文化名片，寺内的三块石碑上的碑刻具有较高的历史文化价值、文献价值。因此，我们可以通过探究阿育王寺碑刻文化，探讨如何保护和宣传阿育王寺碑刻，从而弘扬优秀的碑刻文化。

头脑风暴，确定项目

我们可以为阿育王寺碑刻的保护和宣传做哪些力所能及的事呢？一起开动脑筋，发散思维吧！

为石碑制作保护罩

调查石碑被破坏的原因

给石碑拍一部小型纪录片

探究阿育王寺碑刻文化

为石碑制作宣传海报

为碑刻制作一本书

拓印碑刻做数字保护

……

同学们，选择其中的一项活动开始行动吧！

我们组选择"为碑刻制作一本书"游学活动。Let's go！

阅读量表，明确方向

游学前，认真阅读项目评价表哦！

项目评价表1 对研学实践的过程性评价

评价维度		学生自评	组内互评	教师评价	☆的个数	☆的总数
研学前	制订详细计划，明确研学注意事项和团队分工	☆☆☆	☆☆☆	☆☆☆		
研学中	和组员在规定时间内考察游学点，考察内容全面、细致；组员沟通融洽、准确；主动参与讨论并表达自己的想法	☆☆☆	☆☆☆	☆☆☆		
研学后	对调查到的内容能进行整理、归纳，准确表达，且呈现的内容丰富多样；主动反思整个项目的质量和进度，主动改进项目	☆☆☆	☆☆☆	☆☆☆		

项目评价表2 对项目成果的总体性评价

评价维度		学生自评	组内互评	教师评价	☆的个数	☆的总数
碑刻照片拍摄	通过照相机、手机等工具对碑刻进行拍摄，搜集碑刻相关的图像资料，图像资料详细、清晰、美观	☆☆☆	☆☆☆	☆☆☆		
碑刻拓印	碑刻文字拓印完整，设计感强，释义完整清晰	☆☆☆	☆☆☆	☆☆☆		
碑刻图书制作	介绍内容全面、完整，设计思路清晰，语言标准、流畅	☆☆☆	☆☆☆	☆☆☆		

项目评价表根据获得☆的个数设置优秀、良好、待提高三个等级。项目评价表分值范围为0~54颗☆，其中获得44颗及

以上☆为优秀等级，35～43 颗☆为良好等级，34 颗及以下☆为待提高等级。

创建团队，责任分工

同学们自由组建 3～5 人的小组，确定组长，为小组选取一个富有特色的团队名称，并根据每个人的特长明确责任分工，制作团队海报，制定团队公约。

◎ 我们的团队海报

> 完整的团队海报包括：团队名称、团队LOGO、团队口号和团队成员介绍等。

◎ 我们的角色和责任分工

角色和责任分工表

姓名	角色	责任

分工协作，实践探究

步骤 1：搜集游学点信息

运用网络搜索、阅读书籍、调查等方式，查找此次研学活动相关资料，搜集关于阿育王寺碑刻的资料，了解保护阿育王寺碑刻的意义。

◎ 我们搜集的信息

步骤 2：走近阿育王寺碑刻

实地观察阿育王寺石碑，了解三块重要石碑的来历、碑刻内容，抄写石碑上的碑刻文字，如果遇到不认识的字使用相关工具进行查阅，最后把碑刻内容拓印下来。

步骤3：设计、制作阿育王寺碑刻图书

　　基于研学活动和前期查找到的资料，复原阿育王寺碑刻全貌，设计制作阿育王寺碑刻图书。

　　通过网络查询、翻阅书籍等方式了解书法类图书的组成部分、设计原理、艺术特色。

碑刻类图书特点

书名	特征	字体（拍照或画图）	设计原理

小组交流，归纳碑刻类图书的内容要素。

步骤4：了解碑刻的复制方式

了解摄影摄像、拓印的操作方法，用照相或拓印的方式将碑刻的具体内容记录下来。

1.碑刻摄影

碑刻摄影设计表

	小组名称：＿＿＿＿＿＿＿＿
石碑名称	
摄影需要的工具	
摄影的构图草稿	
家人、同学的评价	
根据大家的评价重新设计的构图	

2.碑刻拓印

学习碑刻拓印技术，了解拓印的工具、拓印的方法，以及拓印作品的收集方法。

碑刻拓印步骤如下：

润　扫　封
锤　蘸　拓

碑刻拓印表

	小组名称：＿＿＿＿＿＿＿
石碑名称	
拓印需要的工具	
第一次拓印成果	
家人、同学的评价	
第二次拓印成果	

3.手工制作碑刻图书

学习书籍装帧方式，根据碑刻主题将拓印下来的文本组装成书，并进行简单的书籍封面设计。

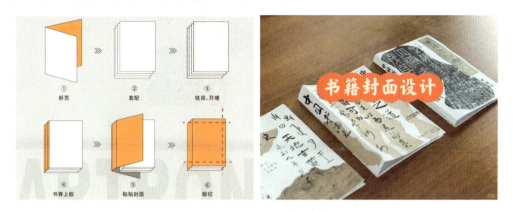

碑刻图书表

	小组名称：_____
图书名称	
书籍装帧方式	
封面设计草稿	
书脊设计草稿	
封底设计草稿	

4.举办碑刻图书展

（1）在校园内举办"阿育王寺碑刻图书展"，让其他同学了解阿育王寺碑刻的书法艺术之美和文化积淀。

（2）在图书展中，摆放拓印工具、图书制作材料等，供参观学生体验拓印的非遗之美。

对照量表，总结反思

> 请组内成员、老师和自己来填写评价表吧！

本次游学活动，我获得了＿＿＿＿＿颗☆，为＿＿＿＿＿＿等级（填"优秀""良好"或"待提高"）。

让我们来填写本次游学活动的总结反思表吧！

游学活动总结反思表

Highlights（亮点） 你认为本次活动有哪些亮点？	Suggestions（建议） 如果可以再来一次游学活动，你还能设计什么其他类型的活动？
Questions（问题） 在活动过程中，你有哪些疑惑？你还希望学习和掌握哪些技能？	

五乡彩绘

弘扬明堂岙村的陶艺文化

🔍 研究背景

近年来，明堂岙村推进旧村改造和小流域综合治理工程，村里建起了一幢幢小别墅，公共活动场地日益增加，道路拓宽新建，公园、篮球场、门球场陆续建成，村庄面貌越来越美，公共环境日益优化，村民的日子也越过越好。但明堂岙村的千年陶窑遗址较少被关注，陶艺文化需要进一步弘扬。

我们如何为弘扬明堂岙村的陶艺文化贡献一份力量呢？

明堂岙村及宋代陶窑遗址

明堂岙村建村已有八百多年，早在宋代就有关于此村落的记载。相传北宋宣和三年（1121年），起义反抗宋廷的睦州青溪（今浙江淳安）人方腊战败，起义军逃窜至浙东山区，其中一队人马由李明堂带领逃到此地，他们以山养生、安营扎寨，村子遂称"明堂岙"。

明堂岙村由高墙门、陈竹房、新袁家、花墙门、庙前头、孙家、三七房等自然村组成。经过村政建设和全村布局调整，村域内的陈竹房、新袁家和孙家已自然消失，现有自然村高墙门、花墙门、庙前头和三七房。村里李姓村民占到全部人口的百分之七八十，剩下的大多姓袁或者姓张。

2004年，宁波文物专家在明堂岙村的一个山岙里发现了一处长达一千米的宋代陶窑遗址，遗址内的一些古陶片呈现典型的南宋陶器特征。这是宁波首次发现宋代陶窑遗址。文物专家认为，日本的"陶瓷之祖"加藤四郎极有可能就是在这个地方学到的制陶技术。考古研究学者林士民在《青瓷与越窑》中提到，南宋嘉定十六年（1223年），日本人加藤四郎作为侍从随道元禅师来到天童寺，在中国学习了五年制陶技术，归国后他在日本的尾张、濑户烧制黑釉瓷，也就是"濑户烧"的原型，加藤四郎也被誉为日本的"陶瓷之祖"。又过了七百多年，日本学者村上博优发现，加藤四郎学习制陶的地方可能就在宁波天童寺附近。因此，明堂岙村宋代陶窑遗址的发现，为这一猜想增加了几分可能性。

🔍 驱动性任务

如何才能弘扬明堂岙村的陶艺文化，打造人文浓厚、文明和谐的美丽乡村呢？

头脑风暴，确定项目

我们能为明堂岙村陶艺文化的弘扬做些什么呢？一起开动脑筋，发散思维吧！

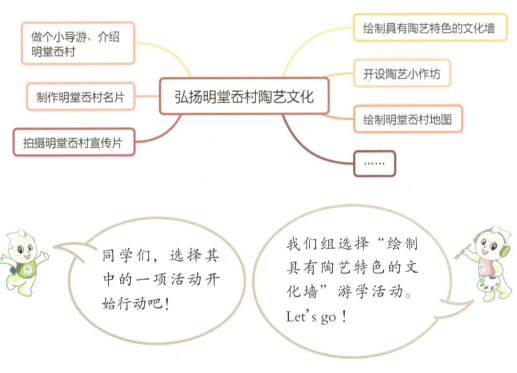

同学们，选择其中的一项活动开始行动吧！

我们组选择"绘制具有陶艺特色的文化墙"游学活动。Let's go！

阅读量表，明确方向

游学前，认真阅读项目评价表哦！

项目评价表 1　对研学实践的过程性评价

	评价维度	学生自评	组内互评	教师评价	☆的个数	☆的总数
研学前	制订详细计划，明确研学注意事项和团队分工	☆☆☆	☆☆☆	☆☆☆		
研学中	和组员在规定时间内考察游学点，考察内容全面、细致；组员沟通融洽、准确；主动参与讨论并表达自己的想法	☆☆☆	☆☆☆	☆☆☆		
研学后	对调查到的内容能进行整理、归纳，准确表达，且呈现内容丰富多样；主动反思整个项目的质量和进度，主动改进项目	☆☆☆	☆☆☆	☆☆☆		

项目评价表 2　对项目成果的总体性评价

	评价维度	学生自评	组内互评	教师评价	☆的个数	☆的总数
主题	主题明确，突出陶艺特色	☆☆☆	☆☆☆	☆☆☆		
构图	构图饱满，主体明确	☆☆☆	☆☆☆	☆☆☆		
线条	线条流畅，层次分明	☆☆☆	☆☆☆	☆☆☆		
色彩	色彩丰富，搭配协调	☆☆☆	☆☆☆	☆☆☆		

项目评价表根据获得☆的个数设置优秀、良好、待提高三个等级。项目评价表分值范围为 0～63 颗☆，其中获得 52 颗及以上☆为优秀等级，42～51 颗☆为良好等级，41 颗及以下☆为待提高等级。

创建团队，责任分工

同学们自由组建 3～5 人的小组，确定组长，为小组选取一个富有特色的团队名称，并根据每个人的特长明确责任分工，制作团队海报，制定团队公约。

◎ 我们的团队海报

> 完整的团队海报包括：团队名称、团队LOGO、团队口号和团队成员介绍等。

◎ 我们的角色和责任分工

角色和责任分工表

姓名	角色	责任

分工协作，实践探究

步骤1：搜集明堂岙村信息

运用网络搜索、阅读书籍、调查等方式搜集相关资料，用思维导图的形式展示搜集到的明堂岙村的信息。

◎ 我们搜集的信息

步骤2：实地探访明堂岙村

实地探访明堂岙村，把探访过程中找到的历史印记记录下来，收集并整理，完成探究任务单。

明堂岙村研学探究任务单

班级：		组别：	阶段：
历史印记（贴照片）			文字说明
墙绘形状（画一画）			墙绘面积（m²）

步骤 3：确定墙绘的区域和面积

1.确定墙绘区域

通过实地考察明堂岙村，确定具体的墙绘区域，尽量选择表面比较细腻、平整的墙面。

2.测量墙面

对选好的墙面进行测量并做好记录。确定墙绘区域的面积，方便后期墙绘图案的设计和绘画材料的购买。

步骤 4：设计墙绘图纸

1.确定主题、色调

（1）以"明堂岙"为大主题，从思维导图中提取一个或几个元素展开设计。

（2）确定整体色调。

2.画出墙绘草图

（1）确定好画面中各元素的具体位置。

（2）将各元素具体化。

（3）统一、调整各元素之间的关系。

墙绘设计图

	小组名称：_____
小组墙绘设计图：	

3.墙绘草图反馈

（1）小组展示、讨论。小组派代表在班级内展示墙绘草图，说一说小组的设计思路，其他小组发表意见和建议。

（2）对草图进行适当修改。

4.确定墙绘图纸

（1）重新画一遍墙绘图纸。

（2）最终敲定要画的图纸。

步骤5：准备绘画材料

1.购买工具

（1）根据需求购买不同大小的毛笔、刷子，准备粉笔、铲刀、水桶、抹布，准备一次性杯子作为调色工具。

（2）购买丙烯颜料。

2.其他准备

准备废旧报纸，保持绘画时地面的整洁。

步骤 6：小组合作画墙绘

1.地面保护

在墙绘区域地面铺好报纸，以防地面被颜料弄脏。

2.打形

先用粉笔或者铅笔将提前选好的墙绘图案轻轻绘制在墙面上，画好一部分后退远一些看一看，及时调整墙绘画面。打形时注意用笔力度不要过大，以防刮伤墙面。画好后用排笔将草图的线条轻轻扫淡些，看得清楚痕迹即可。

3.涂色

使用大中小号的毛笔或刷子进行涂色，毛笔、刷子的大小根据墙绘图案颜色面积的大小来选择。

4.勾线

将墙绘图案进行勾线，使图案效果更加明显。

步骤7：展示评价

1.制作邀请函

制作邀请函并提前发放给受邀观众。

2.发放评分表

教师发放"墙绘作品评分表"。

3.安排讲解

小组选取代表，利用PPT等形式展示墙绘作品，并对自己小组的作品进行讲解，详细讲述设计意图。展示期间，教师需要提醒观众填写"墙绘作品评分表"。

墙绘照片

对照量表，总结反思

请组内成员、老师和自己来填写评价表吧！

本次游学活动，我获得了_____颗☆，为_____等级（填"优秀""良好"或"待提高"）。

让我们来填写本次游学活动的总结反思表吧！

游学活动总结反思表

项目名称：_____

团队／个人：_____

开展日期：_____

3个亮点	2个不足	1条建议

五乡产业
我是宁波中车产业基地的小小设计师

研究背景

"三江汇聚，甬帮之路，笑口常开，海丝之路……"大家知道这句话是什么意思，代表的是什么文化吗？这句话可是寓意着我们宁波轨道交通1号线、2号线、3号线、4号线、5号线的地铁文化呢！我们宁波不仅有自己的地铁，更有制造地铁的龙头企业呢！

位于五乡镇的宁波中车产业基地，研制着国内领先的地铁列车，是宁波高新技术创新突破、高质量发展的缩影。同学们，让我们一起走进宁波中车产业基地，去参观一番，探一探中车产业基地的奥秘吧！

宁波中车产业基地

宁波中车产业基地（以下简称"中车"），是浙江省宁波市的一个城市轨道交通装备基地。中车位于鄞州区五乡镇，紧邻国铁北仑支线和宁波轨道交通1号线。中车由南车株洲电力机车有限公司、宁波市轨道交通集团有限公司、鄞州区开发建设投资公司投资，已成为地铁车辆、低地板车辆、储能式轻轨车辆、储能设备、轨道交通电气设备和隧道掘进设备等轨道交通装备的生产基地，产品供应立足浙江，面向长三角地区，并出口海外。

未来中车将集聚中车集团优势资源，成为该集团海外电动车研发、生产和销售的"大本营"，不仅助力"中车电车"驶入发展快车道，也为鄞州及宁波高端装备制造业转型、高端制造产品出口海外，打造国内国际双循环市场添砖加瓦。

🔍 驱动性任务

与国内或世界先进城市的轨道交通相比，宁波地铁的设计与运营有哪些特点？存在哪些问题？如何设计一款经济环保、智能的未来"智慧"地铁？

头脑风暴，确定项目

我们如何才能了解地铁制造的相关技术呢？了解这些技术后我们又可以做些什么呢？一起开动脑筋，发散思维吧！

体验地铁模拟驾驶

采访地铁总设计师

了解地铁内部构造

我是中车产业基地小小设计师

实地探访地铁制造基地，了解相关技术

设计未来"智慧"地铁

……

同学们，选择其中的一项活动开始行动吧！

我们组选择"设计未来'智慧'地铁"游学活动。Let's go！

阅读量表，明确方向

游学前，认真阅读项目评价表哦！

项目评价表1　对研学实践的过程性评价

	评价维度	学生自评	组内互评	教师评价	☆的个数	☆的总数
研学前	制订详细计划，明确研学注意事项和团队分工	☆☆☆	☆☆☆	☆☆☆		
研学中	和组员在规定时间内考察游学点，考察内容全面、细致；组员沟通融洽、准确；主动参与讨论并表达自己的想法	☆☆☆	☆☆☆	☆☆☆		
研学后	对调查到的内容能进行整理、归纳，准确表达，且呈现内容丰富多样；主动反思整个项目的质量和进度，主动改进项目	☆☆☆	☆☆☆	☆☆☆		

项目评价表2　对项目成果的总体性评价

	评价维度	学生自评	组内互评	教师评价	☆的个数	☆的总数
图纸设计	搜集的地铁设计资料丰富；图纸设计有创意、有想法；设计兼顾环保节能、智能两个方面，主题鲜明	☆☆☆	☆☆☆	☆☆☆		
模型制作	设计感强，模型制作美观，做工精良	☆☆☆	☆☆☆	☆☆☆		
模型展示	模型介绍内容全面、完整；思路清晰，大胆自信，语言流畅，全程有肢体语言辅助	☆☆☆	☆☆☆	☆☆☆		

　　项目评价表根据获得☆的个数设置优秀、良好、待提高三个等级。项目评价表分值范围为0～54颗☆，其中获得44颗及以上☆为优秀等级，35～43颗☆为良好等级，34颗及以下☆为待提高等级。

创建团队，责任分工

同学们自由组建3～5人的小组，确定组长，为小组选取一个富有特色的团队名称，并根据每个人的特长明确责任分工，制作团队海报，制定团队公约。

◎ **我们的团队海报**

> 完整的团队海报包括：团队名称、团队LOGO、团队口号和团队成员介绍等。

◎ **我们的角色和责任分工**

角色和责任分工表

姓名	角色	责任

分工协作，实践探究

步骤1：搜集地铁技术相关资料

运用网络搜索、阅读书籍、实地观察等方式，查找地铁技术相关资料，为后续设计未来"智慧"地铁做好知识储备。

◎ 我们搜集的信息

步骤2：乘坐地铁体验活动

各小组讨论制订有关乘坐地铁的体验活动的计划：乘坐地铁时可以观察地铁的哪些结构，体验地铁智能化的哪些方面，观察哪些地方还可以改进，等等。小组实地乘坐地铁并完成"地铁乘坐体验记录表"。体验的过程中要注意安全。

地铁乘坐体验记录表

小组名称：_____	组长：_____
组员：_____	
我们体验的地铁	_____号线
体验内容	**体验记录**
我们观察到的地铁结构	
我们体验到的地铁"智能化"功能	
我们了解到的地铁"经济环保"相关的设计	
我们观察到的其他方面	
本次体验后我们的思考	

步骤3：参加中车地铁研学活动

通过中车的地铁研学活动，进一步了解地铁的内部结构、地铁的运行机制、地铁制造的相关材料、地铁运用的科学技术等方面的内容。

各小组在中车工作人员的带领下，参观中车各车间地铁生产情况，完成"'宁波中车产业基地地铁体验'研学活动记录表"。

"宁波中车产业基地地铁体验"研学活动记录表

小组名称：	组长：

组员：_____

观察内容	观察记录
我们观察到的地铁原材料	
我们观察到的地铁内部结构	
我们观察到的地铁运行方式	
我们学习到地铁的经济环保措施	
我们学习到地铁的智能功能	
我们学习到地铁的其他方面	

步骤4：设计未来"智慧"地铁

分析目前地铁设计的优缺点，尝试设计一款环保节能、智能的未来"智慧"地铁，绘制未来"智慧"地铁的设计图，并尝试制作地铁模型。

1.分析地铁的优缺点

小组利用前期地铁乘坐体验、中车地铁研学等实践活动中获得的数据与信息，以及自己查阅的相关资料，完成"地铁优缺点分析表"。

地铁优缺点分析表

地铁的优点	地铁的缺点

2.设计未来"智慧"地铁

以小组为单位合作设计未来"智慧"地铁。设计内容包括地铁外观，制造地铁使用的材料，地铁环保节能、智能化等方面的设计。小组成员合作完成"未来'智慧'地铁设计表"。

未来"智慧"地铁设计表

小组名称：＿＿＿＿＿＿	小组成员：＿＿＿＿＿＿＿＿＿＿
未来"智慧"地铁名称：＿＿＿＿＿＿＿＿＿＿＿＿＿＿＿＿	
设计理念阐述	
地铁外观设计	
地铁经济环保设计	
地铁智能化设计	
其他设计想法	

3.绘制未来"智慧"地铁设计图

各小组根据前期的"未来'智慧'地铁设计表"，绘制"未来'智慧'地铁设计图"。

未来"智慧"地铁设计图

小组名称：＿＿＿＿＿＿＿＿	小组成员：＿＿＿＿＿＿＿＿＿
画一画未来"智慧"地铁（图中应标注地铁各部分的名称）	

4.制作未来"智慧"地铁模型

各小组根据已经绘制好的"未来'智慧'地铁设计图"，用木棒、塑料、卡纸等材料合作制作未来"智慧"地铁模型，并评选出"最经济环保地铁""最智能地铁""最佳创意地铁"等奖项，举行"地铁设计图"发布会，邀请中车专业人员、教师代表、家长代表等给获奖同学颁奖。

每位组员在"地铁设计图"发布会结束后，完成"未来'智慧'地铁设计自我反思表"。

未来"智慧"地铁设计自我反思表

	学生姓名：_____
本次项目中我学到的	
本次项目中我做得最好的	
本次项目中我最愿意花时间去做的	
本次成果展示我们的意见	

对照量表，总结反思

 请组内成员、老师和自己来填写评价表吧！

本次游学活动，我获得了＿＿＿＿颗☆，为＿＿＿＿＿等级（填"优秀""良好"或"待提高"）。

让我们来填写本次游学活动的总结反思表吧！

游学活动总结反思表

我的收获： 我做得出色的地方有哪些？想与大家分享的经验是什么？	我的不足： 不足的地方有哪些？如果可以再来一次会如何做？
下一步的想法： 下一步我的改进想法是什么？怎么做才能超越目前的水平呢？	

五乡碧波
后塘河的美丽蝶变

研究背景

悠悠岁月，潺潺河水，流淌千年的五乡镇后塘河，源自鄞州东吴的太白湖，流经五乡、邱隘等地。这是一条贸易的河流，也是一条文化的河流。千百年来，后塘河来来往往的航船上，乘坐着贩菜的菜农、卖鱼的渔民、贩货的商人，也乘坐着外出求知的莘莘学子以及怀抱梦想勇毅拼搏的五乡人。后塘河是五乡厚重历史的代表，也是五乡人的母亲河。但是随着城镇化的发展，水体净化能力有限、汇水面积宽广、流经地区人口稠密、生活垃圾直接污染河道水体等因素的影响，后塘河水质受到了不同程度的污染，影响了城镇的形象。为了让后塘河继续发挥母亲河的作用，学生们尝试通过对后塘河的水质以及河两岸环境的考察，提出提高后塘河水质和改善两岸生态、人文环境的办法，来建设美丽新农村，为家乡的发展贡献自己的一份力量。

资料卡

后塘河的前世今生

流淌千年的宁波城东后塘河，是鄞东南平原的主干排涝河道。它源自鄞州区东吴镇的太白湖（又名三溪浦水库），流经东吴、五乡、邱隘，进入老市区，止于如今的樱花公园，全长约 18 千米。在五乡镇地段上，后塘河与小浃江分水，后塘河笔直向西，进入老市区；而小浃江由此往北，在甬江入海口附近汇入甬江（又称大浃江）。

后塘河五乡段穿过五乡镇，长 8.35 千米，依次经过 8 个建制村。"五水共治"工作启动后，五乡镇对后塘河实施了"换颜手术"。通过黄石垒砌、干垒砌块、松木桩等生态手段修护河岸，并种植护坡植物。对沿河古堰道进行了修缮，在修缮的过程中特别保留了旧时航船拉纤、泊船的痕迹。2015 年，后塘河整治工程五乡段被评为浙江省河道生态建设示范工程。如今，后塘河河畔已成为当地居民的休闲之地。

驱动性任务

如何保持和进一步提高后塘河水质，改善两岸生态、人文环境，让后塘河美丽蝶变成为五乡镇一处靓丽的生态景观旅游胜地，让五乡镇蝶变成为宜居、宜业、宜游的海上丝绸之路重镇？

头脑风暴，确定项目

我们可以为后塘河做哪些力所能及的事呢？一起开动脑筋，发散思维吧！

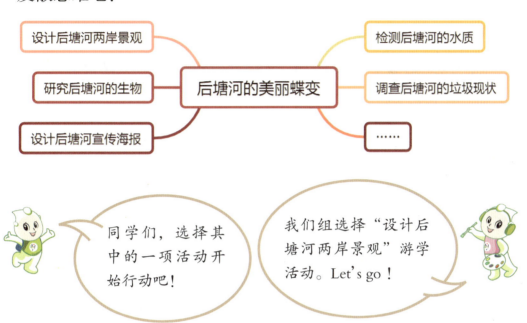

同学们，选择其中的一项活动开始行动吧！

我们组选择"设计后塘河两岸景观"游学活动。Let's go！

阅读量表，明确方向

游学前，认真阅读项目评价表哦！

项目评价表1　对研学实践的过程性评价

	评价维度	学生自评	组内互评	教师评价	☆的个数	☆的总数
研学前	制订详细计划，明确研学注意事项和团队分工	☆ ☆ ☆	☆ ☆ ☆	☆ ☆ ☆		
研学中	和组员在规定时间内考察游学点，考察内容全面、细致；组员沟通融洽、准确；主动参与讨论并表达自己的想法	☆ ☆ ☆	☆ ☆ ☆	☆ ☆ ☆		
研学后	对调查到的内容能进行整理、归纳，准确表达，且呈现内容丰富多样；主动反思整个项目的质量和进度，主动改进项目	☆ ☆ ☆	☆ ☆ ☆	☆ ☆ ☆		

项目评价表2　对项目成果的总体性评价

	评价维度	学生自评	组内互评	教师评价	☆的个数	☆的总数
图纸设计	搜集的河流生态景观设计资料丰富；图纸设计有创意、有想法，内容丰富，包括生态景观设计的各个方面，主题鲜明	☆ ☆ ☆	☆ ☆ ☆	☆ ☆ ☆		
模型制作	设计感强，模型制作美观，做工精良	☆ ☆ ☆	☆ ☆ ☆	☆ ☆ ☆		
模型展示	模型介绍内容全面、完整；思路清晰，大胆自信，语言流畅，全程有肢体语言辅助	☆ ☆ ☆	☆ ☆ ☆	☆ ☆ ☆		

　　项目评价表根据获得☆的个数设置优秀、良好、待提高三个等级。项目评价表分值范围为0～54颗☆，其中获得44颗及以上☆为优秀等级，35～43颗☆为良好等级，34颗及以下☆为待提高等级。

创建团队，责任分工

同学们自由组建 3～5 人的小组，确定组长，为小组选取一个富有特色的团队名称，并根据每个人的特长明确责任分工，制作团队海报，制定团队公约。

◎ 我们的团队海报

> 完整的团队海报包括：团队名称、团队 LOGO、团队口号和团队成员介绍等。

◎ 我们的角色和责任分工

角色和责任分工表

姓名	角色	责任

分工协作，实践探究

步骤 1：搜集河流生态景观设计资料

通过网络搜索、阅读书籍、调查等方式，查找河流生态景观设计相关资料，为后续设计后塘河两岸景观做好知识储备。

◎ 我们搜集的信息

步骤 2：实地勘察前的准备

实地勘察前，小组先制订好研学勘察计划书，包括在实地考察后塘河的过程中要观察、检测、记录什么，注意事项有哪些。

小提示：可以根据后塘河两岸目前存在的建筑、后塘河现有的水生动植物、后塘河水质情况等方面制订勘察计划。

"后塘河的美丽蝶变"研学勘察计划书

我们观察到的后塘河两岸建筑	
我们观察到的后塘河现有的水生动植物	
我们检测的水质结果	
我们想到的其他问题	

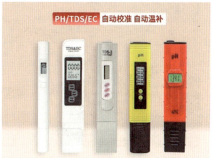

步骤 3: 实地勘察后塘河

勘察时带上研学勘察计划书，仔细观察后塘河两岸建筑，河道水生动植物栖息、生长情况，检测后塘河水质，认真填写"后塘河水质检测记录表 1""后塘河水质检测记录表 2"。

后塘河水质检测记录表 1

检测内容	检测情况
取水段：_____	
水体的气味	
水体的清澈程度	
水里是否有固体漂浮物	

后塘河水质检测记录表 2

项目	结果	项目	结果
TDS 值		用酚酞试剂测试颜色	
水中是否含有锌离子		是否可以直接饮用	
水中是否含有矿物质		其他	
水中是否含有重金属			

各小组整理研学考察结果，汇报本次后塘河考察情况，交流本次后塘河研学的收获，并讨论接下来设计后塘河生态景观的要点。

步骤 4：设计后塘河生态景观

设计后塘河植物、动物、人文等生态景观，将河道生态恢复和乡村景观设计相结合，建造集乡村湿地、文化记忆和乡村休闲于一体的生态河道。

1.提出后塘河生态建设的想法

2.小组设计后塘河生态景观

小组合作设计后塘河生态景观。设计内容包括后塘河水质处理技术、动植物景观、建筑景观、五乡人文与历史景观等。小组合作完成"后塘河生态景观设计表"。

后塘河生态景观设计表

小组名称：	小组成员：
设计的生态景观的主题	
设计主题理念阐述	
水质处理采用的技术	
设计的动植物景观	
设计的建筑景观	
设计的五乡人文、历史景观	

3.绘制"后塘河生态景观设计图"

各小组根据前期的"后塘河生态景观设计表"，绘制"后塘河生态景观设计图"。

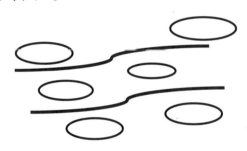

后塘河生态景观设计图

4.制作生态景观模型

各小组根据前期完善的"后塘河生态景观设计图"，利用合适的材料（比如纸、木棒、棒冰棍、橡皮泥等），合作制作生态景观模型。制作完成后，邀请美术老师、科学老师、家长代表、其他班级学生代表等，向他们展示成品模型，并详细介绍模型。

对照量表，总结反思

请组内成员、老师和自己来填写评价表吧！

本次游学活动，我获得了＿＿＿＿颗☆，为＿＿＿＿＿等级（填"优秀""良好"或"待提高"）。

让我们来填写本次游学活动的总结反思表吧！

游学活动总结反思表

在本次活动中，我的成功之处	
在本次活动中，我的进步之处	
在本次活动中，我的不足之处	

五乡构思

我是五乡987高线公园的宣讲员

🔍 研究背景

　　在宁波轨道交通1号线五乡站旁边，有一段萧甬铁路北仑支线的废弃铁轨。这段曾经被废弃的铁轨经过重新规划修建，现在已经成为一处让孩子们流连忘返的场所，里面有遗存的铁轨、枕木、信号灯、绿皮火车立面造型的特色围栏，有儿童活动场、篮球场、乒乓球场，还有体现宁波铁路建设跨越百年时光的墙绘……它全长987米，夹在宁波轨道交通1号线和萧甬铁路高架段之间，因此被称为"五乡987高线公园"，让我们一同走进它吧！

资料卡

五乡 987 高线公园

五乡 987 高线公园（以下简称"高线公园"）位于五乡镇中心发展轴上的五乡地铁站旁，是未来社区和 TOD 社区的交界处，也是 TOD 社区的核心区域。按照当初的设计理念，高线公园的建设将成为五乡未来建设的引爆点、TOD 社区和未来社区的先行点、宁波铁路文化的打卡点，对五乡旅游的开发以及门户形象的打造具有重要意义。高线公园内设有跑道系统、篮球场、儿童活动场、停车场等运动休闲场地和城市书吧、轻餐饮等商业活动场地。高线公园以橙黄为主色调，充满活力。每个桥柱以时间为节点，向公众展示了五乡的过去记忆、城镇形象以及未来特色。通过精心设计，高线公园成为一个城市与一段时间的窗口，历史的记忆在公园里浓缩。

驱动性任务

高线公园是一个旧物改造、变废为宝的经典工程项目。我们该如何宣传废物利用的环保理念呢？我们是否可以进一步通过变废为宝的思想，将学校杂物堆积点改造成校园文化的展示点和风景点？

头脑风暴，确定项目

我们该如何向他人展示高线公园，成为高线公园和五乡镇的宣讲员呢？我们又该如何宣传废物利用的环保理念呢？一起开动脑筋，发散思维吧！

制作五乡987高线公园游览线路图

探秘五乡987高线公园内的植物

探寻宁波铁路发展历史

我是五乡987高线公园宣讲员

制作五乡987高线公园宣传手册

了解其他废弃建筑改造案例

……

同学们，选择其中的一项活动开始行动吧！

我们组选择"制作五乡987高线公园宣传手册"。Let's go！

阅读量表，明确方向

游学前，认真阅读项目评价表哦！

项目评价表1 对研学实践的过程性评价

	评价维度	学生自评	组内互评	教师评价	☆的个数	☆的总数
研学前	制订详细计划，明确研学注意事项和团队分工	☆☆☆	☆☆☆	☆☆☆		
研学中	和组员在规定时间内考察游学点，考察内容全面、细致；组员沟通融洽、准确，主动参与讨论并表达自己的想法	☆☆☆	☆☆☆	☆☆☆		
研学后	对调查到的内容能进行整理、归纳，准确表达，且呈现内容丰富多样；主动反思整个项目的质量和进度，主动改进项目	☆☆☆	☆☆☆	☆☆☆		

项目评价表2 对项目成果的总体性评价

	评价维度	学生自评	组内互评	教师评价	☆的个数	☆的总数
公园档案	多渠道搜集符合高线公园主题的素材，内容详尽	☆☆☆	☆☆☆	☆☆☆		
高线公园宣传手册	宣传手册设计完整、美观、新颖，内容丰富；能很好展示高线公园的特点	☆☆☆	☆☆☆	☆☆☆		
宣传介绍	介绍内容全面、完整，思路清晰，表达流畅	☆☆☆	☆☆☆	☆☆☆		

项目评价表根据获得☆的个数设置优秀、良好、待提高三个等级。项目评价表分值范围为0～54颗☆，其中获得44颗及以上☆为优秀等级，35～43颗☆为良好等级，34颗及以下☆为待提高等级。

创建团队，责任分工

同学们自由组建 3～5 人的小组，确定组长，为小组选取一个富有特色的团队名称，并根据每个人的特长明确责任分工，制作团队海报，制定团队公约。

◎ 我们的团队海报

> 完整的团队海报包括：团队名称、团队 LOGO、团队口号和团队成员介绍等。

◎ 我们的角色和责任分工

角色和责任分工表

姓名	角色	责任

分工协作，实践探究

步骤1：搜集资料，全方位了解高线公园

运用网络搜索、阅读书籍、调查等方式，查找相关资料，全方位了解高线公园。

◎ 我们搜集的信息

步骤2：了解宣传手册的制作流程

制作流程：确定主题—确定内容—选取图片—撰写文字—版面设计—色彩设计。

步骤 3：实地考察高线公园

理清素材搜集的思路，根据宣传手册内容制作需要，完成宣传手册素材搜集任务单。

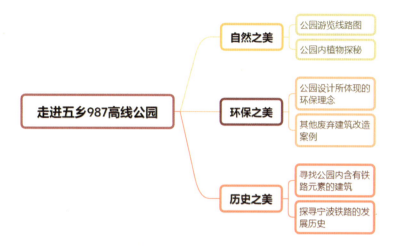

宣传手册素材搜集单

班级：	组别：	阶段：实地考察
自然之美		
照片	文字说明	
环保之美		
照片	文字说明	
历史之美		
探寻事物	拍照记录	文字说明

步骤 4：展示高线公园宣传手册

以小组为单位向家人、朋友介绍小组设计制作的宣传手册，讲述自己的创意理念，根据他们提出的建议做出改进。

987 高线公园宣传手册展示

小组名称：
设计图纸：
完成照片：

步骤 5：迁移运用（改造校园角落）

让我们总结此次活动的改造思路以及改造方法，用它们来尝试改造校园角落。用See-Think-Wonder的表格进行记录，小组间进行交流和分享。

See-Think-Wonder 表格

See	Think	Wonder

对照量表，总结反思

请组内成员、老师和自己来填写评价表吧！

本次游学活动，我获得了＿＿＿＿颗☆，为＿＿＿＿等级（填"优秀"、"良好"或"待提高"）。

让我们来填写本次游学活动的总结反思表吧！

游学活动总结反思表

我的收获	
我的不足	
我的困惑	
我的期待	

五乡英烈

学习浙东抗战老兵的爱国精神

研究背景

　　英雄烈士之所以为人民所爱戴、尊崇和永远纪念，是因为他们身上体现了不怕牺牲、敢于斗争的革命英雄主义精神，万众一心、众志成城的团结精神，军民并肩携手、开拓进取的奋斗精神。这些精神是引领中国人民战胜一切艰难险阻的力量源泉。支撑英雄烈士们奋勇献身的最根本、最核心要素，是理想信念。今天让我们怀着崇敬的心情一起走入浙东抗战老兵纪念园，学习他们的爱国情怀，树立理想信念。

浙东抗战老兵纪念园

　　浙东抗战老兵纪念园位于宁波市鄞州区五乡镇仁久村同泰嘉陵南侧园区，属革命历史纪念类主题纪念园，是浙东地区首个以抗战老兵为主题的革命纪念园。园区占地约4000平方米，也是目前浙江地区规模最大的抗战老兵纪念园。整个园区由浙东抗战老兵纪念园和同泰抗战纪念馆两部分组成。浙东抗战老兵纪念园由方尖碑、中心纪念广场、时光回廊、纪念亭和老兵墓区组成；同泰抗战纪念馆则由八个不同主题的分馆组成。中心纪念广场正中央，是高高矗立的方尖碑，碑体两面分别镌刻"浩气长存"与"碧血丹心"八个大字。方尖碑四周，是杨靖宇、左权、张自忠等21位牺牲的抗战名将的头部浮雕，按照"忠、仁、义、智、节、勇、信、毅、威"这九个主题字分组排列。中心纪念广场周围是大型雕塑群，向参观者讲述着与抗日相关的历史故事。老兵的墓区旁，有十间白墙黑瓦的同泰抗战纪念馆，分别以中流砥柱、正面御敌、浙东抗战、为国捐躯、远征缅越、老兵不死、飞虎队、周训典等命名；各个馆内，都用丰富的照片、文字和实物展示着抗战历史的不同方面。

🌸 驱动性任务

　　英雄烈士的精神是引领中国人民战胜一切艰难险阻的力量源泉，这种精神激励着我们学会在生活中克服困难，迎难而上。如何引领同学们学习浙东抗战老兵身上的爱国精神？如何利用浙东抗战老兵纪念园内的素材培养学生爱国护国的意识、社会责任感？

头脑风暴，确定项目

　　我们如何学习革命先烈身上的爱国精神呢？一起开动脑筋，发散思维吧！

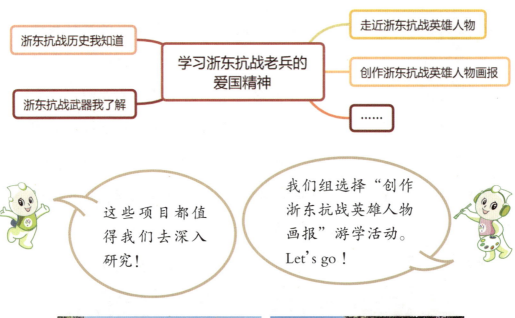

这些项目都值得我们去深入研究！

我们组选择"创作浙东抗战英雄人物画报"游学活动。Let's go！

阅读量表，明确方向

　　游学前，认真阅读项目评价表哦！

项目评价表1　对研学实践的过程性评价

	评价维度	学生自评	组内互评	教师评价	☆的个数	☆的总数
研学前	制订详细计划，明确研学注意事项和团队分工	☆☆☆	☆☆☆	☆☆☆		
研学中	和组员在规定时间内考察游学点，考察内容全面、细致；组员沟通融洽、准确，主动参与讨论并表达自己的想法	☆☆☆	☆☆☆	☆☆☆		
研学后	对调查到的内容能进行整理、归纳，准确表达，且呈现内容丰富多样；主动反思整个项目的质量和进度，主动改进项目	☆☆☆	☆☆☆	☆☆☆		

项目评价表2　对项目成果的总体性评价

	评价维度	学生自评	组内互评	教师评价	☆的个数	☆的总数
抗战英雄档案	搜集符合"抗战英雄人物"主题的照片、文字等资料；资料详细、清晰	☆☆☆	☆☆☆	☆☆☆		
抗战英雄人物画报设计	画报设计完整，制作精美，内容丰富；能很好地展示抗战英雄人物的特点	☆☆☆	☆☆☆	☆☆☆		
宣传介绍	介绍词内容翔实；介绍时语句流畅，极具感染力	☆☆☆	☆☆☆	☆☆☆		

项目评价表根据获得☆的个数设置优秀、良好、待提高三个等级。项目评价表分值范围为0～54颗☆，其中获得44颗及以上☆为优秀等级，35～43颗☆为良好等级，34颗及以下☆为待提高等级。

创建团队，责任分工

同学们自由组建 3～5 人的小组，确定组长，为小组选取一个富有特色的团队名称，并根据每个人的特长明确责任分工，制作团队海报，制定团队公约。

◎ 我们的团队海报

完整的团队海报包括：团队名称、团队 LOGO、团队口号和团队成员介绍等。

◎ 我们的角色和责任分工表

角色和责任分工表

姓名	角色	责任

分工协作，实践探究

步骤 1：明确驱动性问题，搜集相关信息

为浙东抗战老兵纪念园的英雄们创作一张英雄人物画报，并学习他们身上的精神。通过网络搜索、阅读书籍、调查等方式，查找英雄人物相关资料。

◎ 我们搜集的信息

步骤2：实地考察浙东抗战老兵纪念园，了解英雄人物事迹

参照下表示例，完成表格。小提示：可以从历史背景、英雄人物、英雄事迹、英雄形象等方面进行考察。

抗战英雄人物事迹表

英雄姓名	出生日期	主要事迹
张自忠	1891年8月11日	1937年至1940年先后参与临沂向城战斗、徐州会战、武汉会战、随枣会战与枣宜会战等战役。1940年在襄阳与日军的战斗中，不幸牺牲。在抗日战争中，作为集团军总司令的张自忠是为国捐躯的最高级别将领，也是第二次世界大战反法西斯阵营中战死的最高级别军队将领

步骤3：创作英雄人物画报

确定一位英雄人物，创作英雄人物画报。邀请学校的美术老师或其他艺术专业人士，与学生合作，创作英雄人物画报（可使用绘画、雕塑、拼贴画等各种材料、各种艺术形式来创作人物画报），并为英雄人物撰写简短解说词。

写作标准

你的英雄人物介绍是否涉及：
◇ 英雄名字
◇ 性别
◇ 个性特征
◇ 生活背景
◇ 兴趣爱好等
◇ 突出贡献 / 英雄事迹

◎ 我选取的英雄人物故事

◎ 我创作的英雄人物画报

英雄人物画报创作
小组名称：
我选择的材料：
我设计的图纸：
我完成的画报：

步骤4：举行英雄人物画展

在学校大厅举行英雄人物画展，学习英雄人物身上的精神。

1. 制作"英雄人物画展"邀请函

邀请函

尊敬的_____先生/女士：

我们将于_____年__月__日上午__点，在五乡镇中心小学大厅举办抗战英雄人物画展鉴赏会。

特此邀请您准时参加。

邀请人：

时间：

2. 撰写解说词

撰写英雄人物画展解说词，内容包括欢迎致辞、英雄人物介绍、画报创作历程、收获与感想等。

3. 布置活动场景

在学校的大厅陈列作品。在空白展示板上，张贴项目化学习过程中的材料，包括活动期间阅读的书籍、资料（可打印）、写作样本和图表、课堂反馈条等，有助于观众更好地了解整个项目的过程。

请组内成员、老师和自己来填写评价表吧！

对照量表，总结反思

本次游学活动，我获得了＿＿＿＿＿＿颗☆，为＿＿＿＿＿＿＿等级（填"优秀""良好"或"待提高"）。

让我们来填写本次游学活动的总结反思表吧！

游学总结反思表

我的收获	
我的不足	
我的困惑	
我的期待